Luzern

lieben lernen

Der perfekte Reiseführer für einen unvergesslichen Aufenthalt in Luzern inkl. Insider-Tipps und Tipps, um Geld zu sparen

Viktoria Engels

✈ INHALT

Das erwartet Sie in diesem Buch

Luzern ist eines der beliebtesten Reiseziele der Schweiz. Doch warum eigentlich? Was macht die Stadt so besonders und sehenswert? Wieso ist sie international so gut angesehen? Und was kann man dort eigentlich alles machen? Genau diese Fragen sollen Ihnen durch dieses Buch beantwortet werden.

Hier finden Sie alles Wichtige, was Sie vor und während eines Aufenthaltes in Luzern wissen sollten. Sie erfahren allgemeine Dinge über die Stadt und erhalten zudem wiederum auch einen detaillierteren Einblick darüber, was sie so einzigartig macht.

Luzern wurde im Laufe der Jahrhunderte von einer kleinen eingeschränkten Gemeinde zu einer international angesehenen Kulturstadt. Sie werden auch über diese interessante Entwicklung informiert. Wird Ihr Interesse geweckt, noch mehr über die Entstehung der Stadt mit ihrer wundervollen Architektur zu erfahren, dann können Sie sich jederzeit weitere Informationen an der Touristeninformation oder im Internet holen. Zudem erfahren Sie mehr darüber, wie die Einwohner Luzerns ticken.

Außerdem erwartet Sie ein strukturierter und informativer Einblick in die Vielzahl an Sehenswürdigkeiten und Attraktionen, die Luzern zu bieten hat. Die besten und angesagtesten Hotels und Übernachtungsmöglichkeiten sind natürlich auch beschrieben. Tipps, wo Sie die Nationalgerichte der Schweiz und andere begehrte Leckereien des Landes am besten genießen können, werden Ihnen auch zur Verfügung gestellt. Zudem erhalten Sie viele Insidertipps und Tricks über die angesagten Spots und Clubs der Stadt, über Möglichkeiten, einen Familienurlaub zu verbringen sowie Wichtiges über die Schweiz als

Land. Und besonders darüber, was Sie vor Ihrem Aufenthalt wissen sollten. Des Weiteren informiert Sie das Buch darüber, wie Sie am besten anreisen und reisen innerhalb von Luzern, auch mit körperlicher Einschränkung. Und zu guter Letzt auch, wie teuer so ein Städtetrip in der Schweiz ist und wie Sie gut sparen können.

Mit der Vielzahl an Informationen sowie den Tipps und Tricks steht einem Urlaub in der wundervollen Stadt Luzern nichts mehr im Wege!

Die Stadt und ihre Besonderheiten

Luzern ist eine Stadt für jedermann. Egal, ob Geschäftsmänner/Geschäftsfrauen, Künstler/Innen, Autoren/Autorinnen oder Urlauber/Innen und Touristen/Touristinnen – die Stadt und ihre Umgebung bieten durch ihre Vielfältigkeit einen wunderbaren Raum zum Arbeiten, Leben und Reisen.

Die Stadt ist Zentrum des gleichnamigen Kantons und wird oft als die schönste Stadt der Schweiz bezeichnet. Sie liegt nicht nur direkt im Herzen der

Schweiz, umringt von Bergen, sondern befindet sich auch noch direkt am Vierwaldstättersee. In Luzern wird zum Großteil Deutsch gesprochen, was Ihren Aufenthalt um einiges erleichtern wird und angenehmer macht. Sie brauchen also nicht noch ein paar zusätzliche Floskeln einer neuen Sprache zu pauken, um sich im Urlaub verständigen zu können.

Die Stadt ist geprägt durch einen alten historischen Baustil, der auf das moderne und lebendige Leben trifft. Vorbei an begrünten, blumengeschmückten Flächen, bunten Häusern, auf denen sich verschiedene Zeichnungen befinden, ist der Gang durch die Stadt immer wieder ein Erlebnis und es kann nie langweilig werden. Durch die direkte Lage am See und zwischen den umliegenden Bergen ist sie nicht nur abwechslungsreich, sondern auch Natur – und Städteparadies in einem.

Den Namen „Luzern" verdankt die Stadt der Legende nach dem weiblichen Engel Luciria, wobei der Name des Engels für die Erleuchtete steht. Sie hat den ersten Siedlern des Gebietes, auf dem sich heute die Stadt befindet, in der Nacht den Weg für den Bau einer Siedlung erleuchtet. Genau diesen Zauber der Legende trägt Luzern noch heute in sich.

Von der Klein- zur Welt- und Kulturstadt

Bereits im 13. Jahrhundert wurden die ersten Stadtmauern auf dem Gebiet Luzerns errichtet. Noch heute sind Teile davon vorhanden und somit zu einem absoluten Must-see geworden, wenn Sie sich für die Geschichte Luzerns interessieren und sie verstehen wollen. Aber auch allein schon deswegen, weil Sie von den Türmen der Stadtmauer aus, einen atemberaubenden Ausblick über die Stadt erhalten. Diese sogenannte Musegg-mauer besitzt heute noch neun von den ursprünglichen zehn Türmen. Sie befindet sich auf einem erhöhten Gebiet auf der Nordseite der Stadt. Die 870 Meter lange Mauer ist immer noch in einem sehr guten Zustand vorzufinden. Vom 1. April bis zum 1. November jeden Jahres können Sie den Aufstieg dort nach oben wagen und ebenso auch ihre noch gut erhaltenen Türme besichtigen. Der Aufstieg zu den Türmen ist jedoch für Rollstuhlfahrer und Familien mit Kinderwagen nicht sehr gut geeignet, da er von kleinen schmalen Treppen durchzogen ist. Dennoch ist die Museggmauer eine Besichtigung wert, da sie nichts kostet und, um trotzdem einen tollen Ausblick zu haben, ist sie genau die richtige Attraktion.

Die Stadt, welche auf beiden Seiten der Reuss verläuft, war damals noch nicht durch Brücken, wie sie heute vorzufinden sind, verbunden. Die Reuss ist ein Fluss, der die Stadt Luzern in zwei Teile teilt. Die Brücken, welche die Stadt verbinden, sind zu einem Wahrzeichen der Stadt geworden und ihre Überquerung eine einzige Entdeckungsreise.

Mit der Errichtung der Stadtmauern und der damit verbundenen Entwicklung Luzerns bildete sich auch eine Stadtgemeinde, welche die Verwaltung darstellte. Das erste Siegel von ihr geht auf das Jahr 1241 zurück.

Das Gebiet um Luzern gehörte lange Zeit zu dem Kloster Murbach, welches im südlichen Elsass und somit im Osten Frankreichs liegt. Im Jahre 1291 wurde es von dem deutschen König Rudolf von Habsburg gekauft. Von nun an tagte der Gemeinderat regelmäßig bis 1480 die Bildung des zukünftigen Kantonsgebietes abgeschlossen war. Im Jahre 1332 trat Luzern der Eidgenossenschaft der drei Waldstätten bei, welche aus den umliegenden Gemeinden des Vierwaldstättersees bestanden. Ein weiterer Grund dafür war, dass das Gebiet immer mehr in die habsburgische Landherrschaft, also die Herrschaft des Königs Rudolf von Habsburg, eingebunden wurde. Luzern war innerhalb der Eidgenossenschaft sehr einflussreich.

Nach der Reformation von Luther blieb die Stadt weiterhin katholisch. Dies führte jedoch in der Eidgenossenschaft zu Nachteilen, welche sich durch den Verlust der früher gewonnenen führenden Stellung bemerkbar machten.

Im Jahre 1415 erhielt Luzern zudem bereits die

Reichsfreiheit und wurde 1648 zur Reichsstadt ernannt. Zudem wuchs die Stadt im 16. und 17. Jahrhundert kaum, da sie sich durch die Stadtmauern von ihrer Umgebung abschottete.

Am Ende des 18. Jahrhunderts wurde die Stadt von einem Patriziat, bestehend aus 29 Personen, zerstört. Das Patriziat waren schlichtweg die einflussreichen, machtvollen Personen innerhalb der alten Eidgenossenschaft. Damals zählte Luzern noch als Kleinstadt mit nur 4300 Einwohnern. Das von dort aus herrschende Patriziat wurde bereits ein paar Jahre später, im Jahre 1798, durch den Einmarsch französischer Soldaten zerstört. Mit ihnen entstanden die Demokratie und die helvetische Republik. Luzern wurde nun zur Kantonshauptstadt. Die industrielle Revolution war sehr spät, was zum einen mit der Größe der Stadt und zum anderen mit ihrer Abschottung zusammenhing. Daher war lange Zeit die Landwirtschaft mit 40% der Beschäftigten die größte Einnahmequelle der Region. In den Jahren 1850–1913 vervierfachte sich dann die Bevölkerung, Bahnverbindungen wurden gebaut und die Stadt gewann wirtschaftlich an Bedeutung.

Im Januar 2010 vereinte Luzern sich dann mit

Littau, einem angrenzenden Ort. Die Stadt behielt aber dennoch ihren Namen und das Wappen bei. Die Einwohnerzahl betrug zur Zeit des Zusammenschlusses bereits 75.000. Von da an wuchs Luzern weiter auf aktuell 81.700 Einwohner.

Trotz der instabilen sich immer verändernden Geschichte Luzerns, ist die Stadt heute von kulturell und wirtschaftlich großer Bedeutung. Die Zeichen früherer Ereignisse sind noch heute überall in der Stadt verteilt zu finden, weshalb es von so grundlegender Bedeutung ist, sich mit ihrer Geschichte ein wenig auseinanderzusetzen. Egal ob Sie am historisch kulturellen Hintergrund interessiert sind oder nicht, es ist unmöglich beim Erkunden der Stadt diesem aus dem Weg zu gehen. Immer wieder werden Sie kleine Hinweise zur Entstehung der Stadt finden oder alte Zeichnungen und Bilder an den Hauswänden, die an das Leben vor hunderten von Jahren erinnern. Besonders die Kapellbrücke mit dem Wasserturm und die Stadtmauer, welche Wahrzeichen der Stadt sind, spiegeln die Spuren früherer Tage wider.

Das Leben der „Lözärner"

Über die landessprachlich genannten „Lözärner" sagt man, dass sie sehr aufgeschlossen und gastfreundlich sind. Zudem gibt es in der Stadt keine erkennbare Szene, was das Leben aber gerade auch einen Urlaub sehr viel einfacher und interessanter macht. Die Menschen pflegen eine gesunde Weltoffenheit, sind aber dennoch bodenständig und bedacht.

Stürzen Sie sich direkt in das Leben der Stadt, denn es lohnt sich und Sie werden merken, dass Sie sehr gut aufgenommen werden. Dies ist neben dem guten Ruf der Universität auch ein Grund für Studierende, nach Luzern zu kommen. Durch die relativ überschaubare Größe und die Verteilung der Universitätsgebäude kennen sich die Studierenden auch oft untereinander. Die „Lözärner" wissen dieses Lebensgefühl sehr zu schätzen und beschreiben die Atmosphäre in der Stadt als eine einzige Klassenfahrt.

Luzern ist nicht nur überschaubar, sondern auch so aufgebaut, dass Sie sich immer gut zurechtfinden werden, ohne immerzu Google Maps oder einen Stadtplan nutzen zu müssen.

Die Menschen der Stadt treffen sich immer wieder auf der Straße, beim Einkaufen oder eben nachts in Bars, Clubs und Restaurants. „Man kennt sich eben", hört man von vielen Einwohnern Luzerns.

Gerade wenn Sie ins junge und bewegte Nachtleben der Stadt eintauchen, dann werden Sie merken, dass Sie sehr schnell Anschluss finden. Obwohl die Menschen eher bodenständig und bescheiden sind, sind sie gleichzeitig auch locker und partybegeistert. Die Partyszene, welche sich durch die Stadt zieht, wird gerne auch mal an den angrenzenden Vierwaldstättersee und in die umliegenden Berge verlegt. Dies bringt ein Gefühl der Freiheit und Leichtigkeit des Lebens mit sich, welches Sie sofort verspüren werden, sobald Sie Luzern besuchen.

Wichtige Sehenswürdigkeiten

In Luzern gibt es sehr viele Möglichkeiten, die Stadt zu erleben. Von alten historischen Bauten bis hin zu Wasserrundfahrten und teuren Restaurants finden Sie alles, was das Herz begehrt und das Flair der Stadt vermittelt.

Um eine effektive und intensive Tour durch Luzern zu machen mit möglichst vielen Sehenswürdigkeiten, die man unbedingt erhaschen sollte, lohnt es sich, diese direkt am Bahnhof zu beginnen. Von dort aus können Sie geradezu mit einer Bootstour auf dem Vierwaldstättersee starten. Ganzjährig finden, den Witterungsverhältnissen angepasste, Touren über den See in die angrenzenden Orte statt.

So können Sie zum Beispiel mit einem der fünf großen historischen Raddampfer, welche direkt vom großen Anleger gegenüber dem Bahnhof starten, eine Runde über den gesamten See machen. Auf dem Weg dorthin gehen Sie vom Hauptbahnhof aus durch das alte Bahnhofstor, welches das Überbleibsel des früheren Bahnhofsgebäudes ist. Ein Tor mit dem See im Hintergrund, wovor Sie unbedingt ein Foto schießen sollten.

Auf der rechten Seite der Autobrücke können Sie sich bequem einen Bootsanleger aussuchen und Ihre Bootstour starten. Auf der linken Seite der Autobrücke vom Bahnhof ausgesehen, befindet sich eine Touristeninformation, bei der Sie von morgens bis abends bei Fragen und Problemen Hilfe bekommen können. Haben Sie keine Lust den ganzen See zu überqueren und mehrere Stunden im Dampfer zu verbringen, so können sie auch an einer der früheren Haltestellen aussteigen. Eine davon wäre zum Beispiel die auf der anderen Seite der Stadt gelegene Anlegerstelle des Verkehrshauses Luzern.

Für alle, die sich für Technik begeistern, Schokolade lieben, einen geschichtsträchtigen Museumsbesuch erleben wollen oder einfach nur für die ganze Familie die richtige Attraktion suchen, ist das Luzerner Verkehrshaus absolut das richtige. Jedes Jahr wird es von einem neuen großen Thema bestimmt, auf das die Ausstellungen und Angebote im Verkehrshaus ausgerichtet sind. Neben dem Museum gibt es außerdem ein Planetarium, eine Media World und die Themenwelt Swiss Chocolate Adventure.

In der Welt des Swiss Chocolate Adventures können Sie auf einer Entdeckungsreise viel über die Herkunft, Herstellung und alle anderen wissenswerten Dinge über die Schokolade erfahren. Sie tauchen ein in ein Wunderland der Schokolade und das in dem Land, welches berühmt ist für seine einzigartigen Kreationen.

Im gesamten Verkehrshaus gibt es sehr viel zu entdecken und immer wieder findet sich die Möglichkeit, dass Sie die Dinge selbst ausprobieren dürfen. So können Sie im Innenhof nicht nur eine Pause einlegen, sondern auch selbst Fahrzeuge fahren und im Sommer auf dem Wasserbecken mit kleinen Tretbooten umherschippern. Jedes Abteil ist von verschiedenen Themen durchzogen, bei denen Sie etwas über die Schweizer Bundesbahn, Raumfahrt, Autos oder Schifffahrt lernen. Ein Abenteuerspielplatz für Groß und Klein. Sehr lohnenswert ist es, einen Tagespass für das gesamte Verkehrshaus zu buchen, da Sie dort hervorragend einen Schlechtwettertag verbringen können und Ihnen sicher nicht langweilig wird bei so vielen Möglichkeiten. Zudem nimmt die Besichtigung sehr viel Zeit in Anspruch. Es ist zwar eine etwas teurere Attraktion aber dennoch lohnenswert bei Ihrem Besuch in Luzern. Schließlich gleichen andere kostenlose Attraktionen und das Flair der Stadt diesen Preis wieder aus.

Haben Sie keine Lust darauf, den Tag im Verkehrshaus zu verbringen und wollen lieber ganz hoch hinaus, bietet es sich bei der Fahrt mit dem Dampfer an in Vitznau auszusteigen, um von dort aus mit der Zahnradbahn auf die Rigi zu fahren. Dies ist einer der beliebtesten Berge für Touristen. Er ist im Sommer sowie im Winter der absolute Renner unter den Bergen, aufgrund seiner wunderbaren Lage mit der atemberaubenden Aussicht und der guten Erschließung des Gebietes. Fahren Sie von Vitznau mit der Zahnradbahn bis zu der Station Rigi

Kulm, auf die Spitze des Berges. Haben Sie Lust zu wandern oder wollen Sie sparen bei der Rückfahrt, so laufen Sie doch von dort aus auf den vorgegebenen Wanderwegen einige Stationen nach unten. Sie kommen auf den Wegen an der unendlich großen Pflanzenvielfalt der Rigi vorbei. Zudem entdecken Sie jede Menge toller Häuser, die auf dem Berg gebaut wurden und werden dabei begleitet von der wundervollen Aussicht.

Gehen Sie zum Beispiel von oben bis zu der Station Rigi Kaltbad, so können Sie sich im Mineralbad und Spa verwöhnen lassen und bei Gefallen dort sogar nächtigen. Der Abstieg bis zu dieser Station ist auch für ungeübte und unerfahrene Wanderer sehr leicht. Den Großteil des Weges gehen Sie dabei auf breiten gut befestigten Wanderwegen.

Natürlich können Sie auch nur von oben die Aussicht genießen und im Hotel oder Imbiss ein wenig speisen. Dort lohnt es sich, auch eine Nacht zu verbringen, was Sie sich am besten jedoch vorher überlegen sollten, da das Hotel sehr beliebt und oft ausgebucht ist. Das sogenannte Rigi Kulm Hotel wird oft wegen seiner wunderbaren Aussicht von dem Berg aus für eine oder mehrere Nächte gebucht. Zudem gibt es auch noch viele andere Übernachtungsmöglichkeiten auf dem Berg. Am detailliertesten informiert darüber die übersichtliche Internetseite der Rigi. Dort finden Sie neben Fahrplänen und Hotels auch Ausleihmöglichkeiten von Schneeschuhen und Schlitten für einen Besuch des Berges im Winter. Für Familien und alle, die gerne Ski und Snowboard fahren, ist die Rigi ebenfalls sehr gut geeignet. Ab den Bahnstationen Rigi Kaltbad und Rigi Staffel geht es bergab in drei Skigebieten, die sehr familiengerecht aufgebaut sind. Dort können Sie einen erlebnisreichen Winterurlaub verbringen.

Auch am Fuße des Berges in Vitznau, dem Ort, von dem Sie einfach und bequem mit dem Schiff wieder zurück nach Luzern gelangen, wird Ihnen sicher nicht langweilig. Bis zur nächsten Abfahrt des Schiffes zurück in die Stadt können Sie den Berg vom Dorf aus genießen und einen Spaziergang am See machen. Ist noch ein wenig mehr Zeit, so ist die Festung in Vitznau sicher einen Besuch wert. Reisen Sie mit dem Auto an und wollen auf die Rigi, bietet es sich an, direkt im Parkhaus, welches unweit von der Bahnstation entfernt ist, zu parken.

Zurück in Luzern können Sie sich von Ihrem

Standpunkt aus gut in alle Richtungen der Stadt be-
wegen. Wenn Sie sich für Kultur, klassische Konzerte
oder unglaubliche Architektur begeistern, sollten Sie
das Kultur- und Kongresszentrum Luzern (KKL) besuchen. Es wurde in den Jahren 1995 bis 2000 erbaut und im Jahr der Fertigstellung noch eingeweiht.

Das Kultur- und Kongresszentrum besteht aus
drei Teilen: dem Konzertsaal, dem Kongresszentrum
und dem Kunstmuseum. Alle diese drei Teile lassen
sich miteinander verbinden, insofern man viel Platz
für Veranstaltungen benötigt. Dies macht die einzigartige Architektur des Bauwerks möglich. Zudem ist
es sehr außergewöhnlich, dass das Wasser des Vierwaldstättersees durch einen Eingang in das Gebäude
fließt. Der Konzertsaal, der wohl am eindrucksvolls-
ten gebaute Teil des Kultur- und Kongresszentrums,
besitzt 1840 Plätze und ist ein akustisches Meister-
werk. Die einzigartige Bauweise macht jede musika-
lische Veranstaltung zu einem Erlebnis für Geist und
Seele. Es wurde für klassische Konzerte ausgelegt
und die Klänge entfalten sich komplett im Raum.

Direkt neben dem Kunst- und Kulturzentrum
liegt das Hauptgebäude der Universität Luzerns. Für
alle, die etwas entdecken wollen auf ihrem

Städtetrip ist das Hirschmatt-Neustadt-Trendquartier, welches hinter der Universität und somit weiter vom Wasser entfernt liegt, genau das richtige. Der Stadtteil verzaubert mit der Atmosphäre vieler kleiner Läden, Bars, Restaurants, aber auch Galerien und Kinos. Ein besonderes Highlight ist, dass dort das Luzerner Theater sowie das Kleintheater zu finden sind.

Für Kunstliebhaber ist die Sammlung Rosengart, ein Museum, einen Blick wert. Das Museum liegt von dem Kunst- und Kongresszentrum aus gesehen auf der anderen Seite des Bahnhofes, ein paar Straßen weiter in die Stadt hinein und beeindruckt mit vielfältiger Kunst aus der Zeit des Impressionismus und der Klassischen Moderne von Berühmtheiten wie Paul Klee und Pablo Picasso.

Sind Sie Kirchenliebhaber, so ist die Jesuitenkirche, ganz in der Nähe der Sammlung Rosengart, für Sie eine sehenswerte Attraktion. Sie ist die erst gebaute Kirche des Barocks in der Schweiz. Sind Sie schon einmal da, schauen Sie sich ruhig noch weiter in der Altstadt Luzerns um, denn dort gibt es viele kleine Dinge zu entdecken. Die Altstadt ist nicht nur architektonisch ein Hingucker, sondern zudem auch noch autofrei. Außerdem befindet sich dort ein Weinmarkt, auf dem der Eidgenössische Bund geschlossen wurde. Der darauf befindliche Weinmarktbrunnen ist der schönste Brunnen der Stadt. Zudem ist der Mühlenplatz in der Altstadt zu finden, welcher der größte historische Platz der Stadt ist. Gehen Sie weiter in die Stadt hinein, so finden Sie natürlich auch noch mehr Kirchen, wie die Franziskanerkirche und die internationale Kirche Luzerns, welche auch einen Blick wert sind.

Halten Sie sich gerade in der Gegend dieser beiden Kirchen auf, so sollte Ihnen das Bruchquartier nicht entgehen. Es ist eines der schönsten Stadtviertel in Luzern. Das Bruchquartier ist ein sehr pulsierender lebendiger Stadtteil, der Wohnquartier und Partymeile in einem ist. Dort finden sich neben Wohnhäusern auch Bars, Restaurants, Kultur und Handwerk. Ein Tipp der Einwohner Luzerns ist die Madeleine, eine Kulturlocation mit Bühne für Konzerte und Comedy. Dort können Sie zu jeder Tageszeit einkehren und verschiedenen Künstlern bei den vielfältigsten Veranstaltungen lauschen.

Auf dem Weg zur anderen Seite der Stadt können Sie bequem eine der Brücken nehmen, die über die Reuss verlaufen. Die Kapellbrücke mit ihrem Wasserturm ist wohl eine der geschichtsträchtigsten Sehenswürdigkeiten Luzerns. Sie ist das Wahrzeichen der Stadt und gleichzeitig die älteste Holzbrücke Europas. Bereits 1365 wurde Sie erbaut und brannte mehrere hundert Jahre später, genau am 18.8.1993, ab. Dabei blieben nur der Brückenkopf und der Wasserturm bestehen. Acht Monate lang dauerte der Neu- und Wiederaufbau an. Die Wiedereröffnung erfolgte dann am 14.4.1994. Gekennzeichnet ist die Brücke dadurch, dass sie mit vielen Bildern geschmückt ist. Das Konzept dahinter entwickelte der frühere Stadtschreiber Renward Cysat. Die Arbeit daran begann dann im Jahre 1611 und wurde durch gestiftete Tafeln der vermögenden Bürger finanziert. Ursprünglich befanden sich 158 Bilder an der Brücke. Vor dem Brand zählte man dann jedoch nur noch 147, da die meisten von ihnen dem Vandalismus zum Opfer fielen.

Der angrenzende Wasserturm wurde bereits 1290 bis 1300 erbaut. Sein Grundriss ist ein Achteck und hat eine Seitenlänge von 4,4 bis 5 Metern. Der Umfang beträgt 39 Meter und die Höhe 34,5 Meter. Im Laufe seines Bestehens diente der Wasserturm vielen verschiedenen Zwecken. So war er zum Beispiel Beobachtungsposten und wurde zur Überwachung der Schifffahrt, als Verteidigungsposten, als Archiv, zur Aufbewahrung von Kriegsbeute und Staatsschätzen sowie als Gefängnis benutzt.

Heute ist die Kapellbrücke neu aufgebaut und ein absolutes Muss für jeden, der die Stadt besucht. Im Wasserturm findet sich außerdem ein Souvenirladen, denn nichts könnte besser sein, als direkt vom Wahrzeichen der Stadt einige materielle Erinnerungen mit nach Hause zu nehmen.

Für Fans von Kunst, die einem dunklen Humor gleicht, ist ein Gang über die Spreuerbrücke empfehlenswert. Sie ist geschmückt mit vielerlei Bildern dieser Art und auch ein geschichtlich geprägtes Andenken an die Stadtentstehung. Halten Sie die Augen auf und schauen Sie nach oben während Sie die Brücke überqueren.

Auf der anderen Seite der Stadt befinden sich weitere sehenswerte Attraktionen. So auch die zu Beginn erwähnte Museggmauer, welche die frühere Eingrenzung der Stadt zeigt.

Ein ebenso bedeutungsvolles Indiz für die Geschichte der Stadt ist das Löwendenkmal. Dies zieht jährlich rund 1,4 Millionen Besucher an. Direkt am Löwenplatz in einem kleinen Park gelegen, können Sie den in Fels eingemeißelten Löwen bestaunen. Er ist nicht nur wegen der atemberaubenden Bauweise so beliebt, sondern auch, weil er eine kostenlose Attraktion ist. Doch hinter dem äußerlich so schönen Denkmal versteckt sich eine traurige Geschichte. Es ist den gefallenen Schweizer Gardisten gewidmet, welche am 10. August 1792 ihr Leben während der französischen Revolution verloren. Die Idee der Widmung in Form eines Denkmals kam von dem Gardisten Karl Pfyffer, der seine gefallenen Gefährten ehren wollte. Die Umsetzung und Fertigstellung führten dann der Künstler Bertel Thorvaldsen durch.

In der Nähe des Löwendenkmals befinden sich drei attraktive Museen, welche je nach Ihrem Geschmack gleich mit dem Besuch des Denkmals in Verbindung gebracht werden können. So zum Beispiel das Alpineum, in dem Sie ein Panorama der Alpen bestaunen können, ohne direkt vor ihnen stehen zu müssen. Außerdem können Sie dort direkt bei einem leckeren Kaffee vor dem Gebäude verweilen. Die angenehme Atmosphäre verleiht Ihnen das

Gefühl von Freiheit und Offenheit und das mitten in der Stadt.

Ein weiteres Museum in der Nähe des Denkmals ist der Gletschergarten. Von außen unscheinbar und sehr klein wirkend, verbirgt sich in ihm ein wundervoller Einblick in die Welt der Gletscher. Es ist das kleine bergige Paradies der Stadt, was Sie glauben lassen wird, Sie seien wirklich gerade in einem Gletscher irgendwo tief in den Bergen. Für den Besuch des Gletschergartens spricht auch, dass er preislich sehr günstig ist. Auch für Rollstuhlfahrer und vor allem für Kinder ist die Attraktion sehr geeignet.

Das Bourbaki-Panorama-Museum Luzerns liegt ebenso ganz in der Nähe. Wenn Sie die Geschichte Luzerns beeindruckt und Sie einen Rundumblick und einen Einblick in die Ereignisse erlangen wollen, dann sollten Sie dieses Museum unbedingt besuchen. Egal, für was Sie sich interessieren oder ob Ihnen alle drei Museen zusagen, sie sind ihren Preis wert und durch ihre gute Lage auch zeitlich alle innerhalb eines Tages zusammen mit der Besichtigung des Löwendenkmals zu schaffen.

Am Rande der Stadt, auf der gegenüberliegenden Seite des Sees wird Ihnen ein weißes Schloss, auf dem Berg gelegen, auffallen. Dies ist das Château Gütsch, ein Hotel mit wundervollem Blick über die Stadt und den See direkt auf die Alpen. Um dort hinzugelangen können Sie die hauseigene sogenannte Gütschbahn nehmen. Sogar ein Fahrstuhl ist vorhanden. Von der Stadt aus fahren Sie dann hoch und können sich dort umsehen oder auch einkehren, um eine Nacht mit Blick über die Stadt und den See zu genießen.

Die absolut beliebteste Sehenswürdigkeit in der Umgebung Luzerns ist jedoch der Hausberg der Stadt - der Pilatus. Er ist international sehr berühmt, da auf ihm die steilste Zahnradbahn der Welt gebaut wurde. Mit 48% Steigung läuft sie direkt am Berg entlang nach oben. Ein unglaubliches Erlebnis, welches seinen Preis absolut wert ist. Die Zahnradbahn ist eine Meisterleistung der Ingenieurskunst, da sie durch den Bau im Reißverschlussprinzip nicht entgleisen kann. Sie wurde am Ende des 19. Jahrhunderts innerhalb von 400 Tagen von nur 600 Arbeitern fertiggestellt. Das gesamte Material wurde zum Großteil per Hand auf den Berg transportiert. Bergauf fährt die Bahn mit maximal 12 Kilometern pro Stunde. Bergab sind es maximal 9 Kilometer pro

Stunde. Wollen Sie die atemberaubende Umgebung um den Pilatus noch weiter entdecken und schon immer mal zwischen den Bergen im freien Fall fliegen, ist das Fliegen mit dem Gleitschirm vom Pilatus aus genau das Richtige für Sie. Jährlich kommen mehrere tausend Menschen auf den Pilatus und viele von ihnen sind Gleitschirmjäger, die den wunderbaren Berg als Startpunkt nutzen, um nach unten zu gelangen. Für einen Adrenalinkick also genau das Richtige. Es gibt extra angelegte Start- und Landeplätze. Genauere Informationen dazu finden Sie auf der Webseite des Gleitschirmclubs Luzern oder unten an der Talstation der Bahn in Kriens. Zu dem Pilatus gelangen Sie mit dem Auto oder öffentlichen Verkehrsmitteln. Sie können entweder zur Talstation Kriens oder zur Talstation Alpnachstad fahren. Letztere ist auch mit dem Schiff von Luzern aus zu erreichen. In Kriens fahren Sie mit der Gondel- und Luftseilbahn auf den Berg und von Alpnachstad aus mit der Zahnradbahn. Der Pilatus begeistert im Sommer wie im Winter und ist ebenso für die gesamte Familie geeignet.

Insidertipps

WELCHE HOTELS SIND SEHR EMPFEHLENSWERT?

Einige bereits genannte Hotels sind natürlich aufgrund ihrer einzigartigen Lage eine Besonderheit, doch auch dementsprechend teuer. Wenn Sie lieber in der Stadt selbst nächtigen wollen als auf einem der Berge, dann gibt es natürlich noch viele andere Möglichkeiten für Sie.

Aus unzähligen Angeboten stechen jedoch einige Favoriten klar hervor. Darunter zum Beispiel das Hotel Anker. Es liegt auf dem Pilatusplatz und hat von einigen Zimmern aus einen Berg- und Stadtblick. Zudem ist es in der Nähe zum Bahnhof und somit auch nicht weit entfernt von dem Bruchquartier.

Perfekt also, wenn Sie abends noch ausgehen möchten. Auch für ruhigere Nächte ist es in perfekter Lage, denn von hier aus gelangen Sie zu Fuß sehr schnell an den See, wo Sie einen wundervollen Sonnenuntergang oder nur den Blick auf die andere Seite der Stadt und die Berge genießen können. Haben Sie vor, eine der vielen Veranstaltungen im Kunst- und Kulturzentrum Luzerns zu besuchen, eignet sich dieses Hotel auch für Sie, da der Weg dorthin nicht sehr weit ist.

Wenn Sie begeistert sind von dem See und der atemberaubenden Landschaft und auch etwas abseits und nicht im Trubel der Stadt nächtigen wollen, so ist das Hotel Schweizerhof sehr empfehlenswert. Es liegt direkt am Wasser des Vierwaldstättersees im Dorf Weggis, welches auch per Schiff von Luzern aus einfach zu erreichen ist. Zudem liegt das Hotel dicht am Schiffsanleger und ist ein sehr ruhiger idyllischer Ort. In dem Dorf befinden sich natürlich auch noch andere Hotels, die teilweise einen erschwinglicheren Preis haben als die Hotels in der Stadt. So unter anderem das Hotel Central, das direkt am See liegt oder das Post Hotel Weggis.

Wenn Sie es etwas luxuriöser wollen und die

Nacht in wunderschönen Spa Suiten verbringen möchten, so sollten Sie das Hotel Montana genauer ins Auge fassen. Es liegt auf der anderen Seite der Stadt, gegenüber dem Bahnhof unweit des Casinos. Mit Blick auf die Stadt und den See ist es sehr einladend. Zudem lädt der See auf dieser Seite zu einem Spaziergang ein mit den wunderbar gepflegten Alleen. Auch das Verkehrshaus ist von dort aus nicht mehr weit entfernt. Es hat nicht nur luxuriöse Suiten mit faszinierender Aussicht und einen wunderbaren Service zu bieten, sondern auch eigene Musikveranstaltungen. Jeden Donnerstag findet in der Louis Bar des Hotels Montana eine Jazz- und Jam-Session statt.

Für Campingfreunde und Sparfüchse bietet Luzern natürlich auch eine große, attraktive Auswahl. Der Campingplatz International Lido Luzern ist nicht nur durch seine Lage am Wasser, sondern auch durch die Familienfreundlichkeit ein echter Hit. Er wird auch die grüne Oase in Luzern genannt und ist das ganze Jahr geöffnet. Der Campingplatz liegt in der Nähe des Verkehrshauses und hat alles zu bieten, was ein Campingplatz ebenso braucht. Von Waschräumen über einen Spielplatz bis hin zum hauseigenen Imbiss ist für das leibliche Wohl und somit für einen schönen Aufenthalt gesorgt. Gerade in der dynamischen Stadt Luzern ist es ein guter Platz, um zu entschleunigen.

Wenn Sie keinen Wohnwagen besitzen und auch vom Zelten nicht viel halten, dann können Sie sich auch einen kleinen Bungalow mieten und dort nächtigen. Vor allem mit Kindern ist dies eine gute Alternative zu einem Hotel in der Stadt, da sie auf dem Campingplatz mehr Freiheit genießen können.

Weit entfernt von diesem Campingplatz befindet sich der TCS Campingplatz Luzern – Horw, der an einer anderen Ausuferung des Sees liegt, noch ein Stück weit von der Uni und dem Bahnhof entfernt. Durch die Lage etwas außerhalb des Stadttrubels ist er ebenso, wie der Campingplatz Lido Luzern und die im Dorf Weggis gelegenen Hotels, eine gute Alternative zur Entschleunigung während Ihres Städtetrips. Auch hier benötigen Sie nicht Ihr eigenes Fahrzeug oder Zelt, sondern können auch in sogenannten Family-Pods übernachten. Dies sind kleine Holzhäuser mit rundlicher Form, welche an ein Zelt erinnern, aber dennoch komfortabler sind. Im Sommer ist der Campingplatz noch attraktiver. Einige hundert Meter entfernt liegt das Seebad Horw, bei dem Sie im Vierwaldstättersee baden, mit Blick auf die Berge.

Wollen Sie für die Übernachtung nicht so viel Geld ausgeben und trotzdem noch in der Stadt bleiben ist es ratsam, in einem der Hostels von Luzern zu nächtigen. Dabei kommen die Jugendherberge Luzern oder das Bellpark Hostel zum Beispiel in Frage. Sie zählen zudem, durch die Sauberkeit der Zimmer und die Freundlichkeit des Personals, auch noch zu den besten Herbergen der Stadt.

Die Jugendherberge Luzern liegt zwar ein wenig außerhalb der Stadt, in der Nähe des Kantonsspitals Luzern, doch ist sie vom Preis-Leistungs-Verhältnis eines der besten Angebote. Sie können von dort aus, ebenso gut wie von allen anderen genannten Übernachtungsmöglichkeiten, in das Geschehen der Stadt eintauchen und zu allen wichtigen Attraktionen gelangen. Die Lage Ihrer Unterkunft spielt in Luzern keine so wichtige Rolle wie in anderen Städten, da die Stadt nicht sehr groß ist und Sie alles gut erreichen können von jedem Stadtteil aus. Außerdem werden Sie merken, dass Sie sich sehr schnell zurechtfinden, sobald Sie einmal einen kleinen Überblick über die Stadt erlangt haben.

Die Aufteilung Luzerns ist übersichtlich und Sie kommen nicht nur mit den öffentlichen Verkehrsmitteln gut umher, sondern auch zu Fuß können Sie jeden Punkt der Stadt sehr gut erreichen.

Haben Sie Lust auf eine andere Art der Übernachtung und mal etwas ganz Neues kennenzulernen, so ist das alte Kantonsgefängnis die richtige Alternative für Sie. Nachdem die unterschiedliche Nutzung der stillgelegten Gefängnisanlage jahrelang keinen Erfolg gebracht hat, wurde daraus vor einigen Jahren ein neues Hotel eröffnet. Es war ursprünglich dafür ausgelegt, die internationale Backpacker- und Traveller-Szene anzulocken. Dadurch sind die Preise für Übernachtungen sehr erschwinglich. 30 € zahlen Sie für die günstigste Übernachtung, welche jedoch im Gruppenzimmer mit Gemeinschaftsbad ist. Als Familie ist es trotzdem eine gute Idee gleich einen ganzen Gemeinschaftsraum zu nutzen und für Ihre Kinder sicher ein Abenteuer mal in einem alten Gefängnis zu übernachten. Beim Einchecken in das Hotel erhalten Sie als Willkommensgeschenk eine Tüte Popcorn. Das Hotel trägt den Namen Barabas. Es wurde nach einem verurteilten Kriegsgefangenen und Künstler benannt, der sogar eines seiner Werke auf der Wand einer Zelle hinterlassen hat.

Innerhalb der großen Auswahl an verschiedenen Übernachtungsmöglichkeiten sollte für Sie auf jedem Fall etwas dabei sein. Doch falls Sie immer noch nicht sicher sind, ob eine der genannten Möglichkeiten die richtige ist und Sie sich über mehrere Angebote und aktuelle Preisspannen informieren wollen, so ist es immer ratsam noch einmal im Internet nachzuschauen.

WELCHE RESTAURANTS SIE UNBEDINGT KENNEN SOLLTEN

Um nicht nur von Luzern, sondern auch ein Stück von der Schweiz selbst zu kosten, sollten Sie unbedingt das heißbegehrte Nationalgericht Käsefondue probieren. Dies ist geschmolzener Käse, der entweder mit Brot oder Fleisch gegessen wird, welches man dann darin eintunkt. Am liebsten essen die Schweizer ihr Fondue mit einem Wein dazu. Es ist nicht nur das Essen für die kalte Jahreszeit und wird besonders vor Weihnachten beliebt, sondern ist selbst im Sommer der Renner und überall erhältlich.

Und wo könnte man dieses einfache und leckere Nationalgericht besser kosten als in einem Restaurant, welches auch noch das beliebteste Fondue der Stadt zaubert. Normalerweise nehmen die Schweizer den Käse für das Fondue mit nach Hause und essen es dann gemütlich mit der ganzen Familie zusammen während sie stundenlang quatschen und Wein trinken. Im Restaurant „Pfistern" können Sie es aber auch direkt dort speisen und sich zudem noch von dem netten Personal verwöhnen lassen. So müssen Sie den Käse auch nicht selbst erwärmen und erhalten das Fondue in originaler Zubereitung. Für 30 € pro Person können Sie dort genüsslich Ihr Käsefondue verzehren. Zwar ist das eine Kalorienbombe, doch die absolut beste Art, den so begehrten Schweizer Käse zu speisen.

Zudem sollte Ihnen die Luzerner Chügelipastete im Wirtshaus „Taube" nicht entgehen. Die Chügelipastete, das Nationalgericht der Stadt Luzern, ist ein Blätterteiggebäck mit Reis, Gemüse und Kalbsfleisch. Es ist zwar sehr einfach, doch hat es einen besonderen Geschmack.

Mögen Sie gerne mal französisch speisen, sollten Sie in das mehrmals ausgezeichnete Restaurant

Villa Schweizerhof gehen. Es ist die Nummer eins der französischen Restaurants in Luzern und verzaubert mit seinem sehr noblen Ambiente. Dort erhalten Sie alles, was das Herz begehrt, und werden von zuvorkommendem Personal empfangen.

In der Nähe der Jesuitenkirche und dem Bruchquartier überzeugt das Restaurant STERN Luzern mit europäischen und vor allem schweizerischen Gerichten. Dort setzt man auf selbst gemachte Produkte. Besonders das zarte Fleisch ist ein absolutes Gaumenvergnügen.

Sind Sie Vegetarier, Veganer oder müssen glutenfrei essen, so ist das Restaurant Zur Werkstatt genau die richtige Empfehlung. Mit seinem urbanen, modernen und dynamischen Flair überzeugt es Jung und Alt von seinen Gerichten. Es wurde außerdem ausgezeichnet mit dem Zertifikat für Exzellenz. Durch die relativ günstigen Speisen und dem städtischen, lässigen Stil des Restaurants ist es besonders aber ein Magnet für junge Leute geworden. Es gibt dort sogar eine Cocktailbar und ein Buffet. Zudem lädt es dazu ein, draußen zu verweilen. Das Restaurant Zur Werkstatt liegt in Bahnhofsnähe.

Wollen Sie direkt am Wasser speisen und dabei

einen Blick auf die alten historischen Gebäude erhalten, so können Sie in das Restaurant Balances einkehren. Dort gibt es auch europäische und schweizerische Speisen, welche sogar für Vegetarier und Veganer geeignet sind. Zudem gibt es glutenfreie Angebote. Die Bedienung wird als sehr kompetent und freundlich beschrieben. Was Sie, wenn Sie schon in der Schweiz sind, neben dem Käsefondue unbedingt probieren sollten, sind die bei den Schweizern sehr beliebten Röschti. Das Gericht gleicht ein wenig den deutschen Bratkartoffeln. Der Unterschied liegt nur darin, dass die Schweizer ihre Kartoffeln reiben und dann anbraten, anstatt sie in Scheiben zu schneiden. Dann wird dies mit Gewürzen verfeinert und meist mit Ei oder Gemüse serviert. Teilweise gibt es auch Fleisch als Beilage. Dieses Gericht erhalten Sie fast in allen Restaurants, in denen Sie schweizerische Speisen verzehren können.

DIESE SPEISEN UND GETRÄNKE MÜSSEN SIE UNBEDINGT PROBIEREN

Neben den Nationalgerichten der Schweiz, dem Käsefondue und dem Röschti, gibt es natürlich auch noch die Schweizer Schokolade, an der Sie bei einem Besuch in der Schweiz nicht vorbeikommen werden und sollten. Sie kennen sicher die Marke Lindt und haben schon einige Sorten probiert, doch die Auswahl an Sorten in der Schweiz ist um einiges größer als bei uns in Deutschland.

Generell bekommen Sie in jedem Supermarkt und bei jedem Bäcker Schweizer Schokolade. Eine der beliebtesten Marken ist, neben Lindt natürlich, die Marke Cailler. Die Tafeln der Cailler Schokoladen gibt es in jedem Supermarkt zu kaufen. Wie bei den Marken Milka oder Lindt finden Sie viele verschiedene Variationen vor. Ein besonderer Tipp sind die Pralinen von Cailler, bei denen sicher für jeden etwas dabei ist.

Auch Frey ist eine sehr populäre Marke, die viele unterschiedliche Geschmacksrichtungen anbietet. Beide Marken sind preislich gut gelegen, vielfältig und leicht zu bekommen.

In jeder größeren Stadt finden Sie zudem das Schokoladengeschäft Läderach. Dort können Sie sich kleine Päckchen mit ausgewählten Schokoladentafeln zusammenstellen. Die Auswahl ist riesengroß und je nach Saison gibt es immer wieder neue Sorten und Designs zu entdecken und probieren.

Weiterhin zu empfehlen ist natürlich auch die bekannte Toblerone. Sie werden staunen in welchen Größenverhältnissen Sie diese Stangen in den Läden erhalten.

Was Sie vielleicht auch schon aus deutschen Läden kennen ist Ovomaltine, die gesunde Schokolade der Schweiz. Sie ist überall zu finden und gerade bei jungen Menschen sehr beliebt. Es gibt sie nicht nur in Form von Tafeln, sondern auch als Aufstrich, in Pulverform, im Müsli, in Riegelform oder als fertigen Drink. Besonders zum Frühstück, welches die Schweizer Zmorge nennen, isst man gerne mal einen Schokoriegel. Dieser wird dann in ein Gipfeli, eine Art Croissant, gesteckt und zusammen mit dem Kaffee auf dem Weg zur Arbeit oder ins Büro gegessen. Die Schweizer lieben ihre Schokoriegel und ihre Gipfel. Wollen Sie ein Schokogipfeli (also einen bereits fertigen Gipfel, in dem die Bäcker schon die Riegel hineingetan haben) probieren, so müssen Sie früh-morgens schon beim Bäcker sein, denn am Mittag sind diese oft bereits ausverkauft. Doch auch von diesem Gebäck gibt es verschiedene Ausführungen. So zum Beispiel mit Marmeladenfüllung, Vanille- oder Nussgeschmack.

Für alle Chips-Liebhaber ist die Marke Zweifel ein absolutes Muss zum Probieren. Sie ist bekannt für ihre gute Qualität, Vielfältigkeit und ihren einzig-artigen Geschmack. Auch diese Nascherei finden Sie in jedem Supermarkt und meist sind auch gerade ei-nige Sorten im Angebot.

Auch ihr eigenes Süßgetränk haben die Schwei-zer. Dies findet man überall und es wird zu jedem Es-sen, jeder Tageszeit und jedem Anlass gerne getrun-ken. Es heißt Rivella und ist sehr besonders und ei-gen im Geschmack. Rivella findet man ebenfalls in vielen verschiedenen Sorten und Varianten. Das Ori-ginal erkennen Sie daran, dass es einen weißen De-ckel und eine rote Banderole hat. Alle anderen Sor-ten sind, je nach Geschmack, andersfarbig.

Trinken Sie gerne auch mal ein Bier, so sollten Sie die Marke Feldschlösschen probieren. Es ist günstig aber dennoch qualitativ sehr gut und geschmacklich ausgezeichnet. Das Bier finden Sie in Flaschen und Dosen an jedem Kiosk, in jedem Supermarkt und auch in fast jedem Restaurant. Zudem haben jede Stadt und jede Region auch noch ihre eigenen Spezialitäten. Auch die ausgefallensten Ausführungen von Schokoladen und Keksen mit Schokolade überzogen gibt es auf fast jedem Berg oder bei jeder Attraktion zu kaufen.

TIPPS UND TRICKS, DIE IHNEN IN DER SCHWEIZ NÜTZLICH SEIN WERDEN

Die Schweizer sind generell ein sehr höfliches, aber dennoch verschlossenes Volk. Luzern gilt dabei als Ausnahme mit seinen aufgeschlossenen Menschen. Deshalb ist die Stadt auch das perfekte Urlaubsziel.

In der Schweiz begrüßt man sich mit „Grüezi" oder in den Bergen auch mit „Tag Wohl". Verabschieden tun sich die Schweizer meist mit „Tschau", „Auf Wiedersehen" oder „Ade". „Tschüss" benutzen sie untereinander eher, wenn sie sich besser kennen. Zudem bedanken sie sich sehr oft und gerne und sind auch generell hilfsbereit und selbstlos, wenn es darum geht, etwas für jemand anderen zu erledigen.

Wenn Sie denken, Sie haben Probleme den Dialekt der Schweizer zu verstehen, dann machen Sie sich im Vorfeld keine Sorgen darüber, denn wenn Sie noch einmal nachfragen und höflich darum bitten, das Gesagte zu wiederholen, dann wird Ihnen meist noch einmal verständlicher geantwortet. Außerdem sprechen viele Schweizer mit Ihnen Hochdeutsch, sobald sie merken, dass Sie aus Deutschland kommen. Sie sollten jedoch nicht ausdrücklich von Anfang an darum bitten, dass man mit Ihnen Hochdeutsch spricht, denn das mögen die Schweizer gar nicht. Sie fühlen sich dann angegriffen, weil sie denken, dass Sie ihre Sprache nicht respektieren. Es kann, wenn Sie von Luzern aus in einen anderen Ort fahren, auch sein, dass man dort plötzlich kein Schweizerdeutsch mehr spricht. Die Schweiz hat nämlich vier Amtssprachen, Deutsch, Französisch, Italienisch und Rätoromanisch, wobei Rätoromanisch nur noch von sehr wenigen Menschen gesprochen wird. Doch mit Englisch werden sie überall weiterkommen. Sollte es einmal gar nicht mehr gehen, so hilft Ihnen sicher Ihr Handy oder zur größten Not die Verständigung mit Hand und Fuß.

Es kann natürlich auch sein, dass Sie das Netz Ihres Handys nicht benutzen können in der Schweiz, da es kein EU-Land ist. Doch im Gegensatz zu Deutschland ist in der Schweiz fast überall WLAN zu finden und die Netzabdeckung selbst auf den höchsten Bergen gewährleistet.

Wichtig zu wissen ist auch, dass die Bezeichnungen der Mahlzeiten grundsätzlich von unseren Bezeichnungen abweichen. In der Schweiz werden Sie wohl eher nicht auf das Wort Frühstück stoßen.

Die Schweizer haben fünf Mahlzeiten am Tag, die jedoch nicht flächendeckend so eingehalten werden. In den Schulen und Kindergärten wird meist noch darauf geachtet, dass man diese Tradition beibehält.

Dabei ist das Zmorge vergleichbar mit unserem Frühstück und wird früh am Morgen gegessen. Am beliebtesten dabei ist es eben ein Gipfeli mit Kaffee zu verzehren. Das „Z" im Wort Zmorge bedeutet zum und somit heißt es so viel wie zum Morgen. Nach dem Zmorge kommt einige Stunden später ein kleiner Snack, das Znüni. Dieser geht in den Schulen meist mit der Pause einher und ist, wie der Name schon sagt um neun Uhr („nün" heißt auf

Schweizerdeutsch neun). Nach dem Znüni gibt es, wie bei uns, um 12 Uhr Zmittag. Dies ist auch die warme Mahlzeit des Tages. Die nachmittägliche Kaffeepause besteht meist daraus, Obst zu essen oder etwas Kleines zu naschen. Diese nennt sich, da sie um vier Uhr eingelegt wird, Zvieri. Am Abend gibt es dann kein Abendbrot oder Abendessen, sondern Znachtessen. Dort wird entweder noch einmal warm gegessen oder Salat und Brot.

Zudem ist es noch gut zu wissen, dass es an fast jedem Bahnhof, auf jedem Flughafen und verteilt in den Städten immer einen Kiosk gibt, in dem Sie alle Dinge, die Sie auf die Schnelle brauchen, kaufen können. Dort finden Sie sogar Pflegeprodukte wie Zahnbürsten, Hygieneartikel für Damen oder auch elektronische Geräte wie Ladekabel oder Powerbanks. Falls Sie also etwas Wichtiges vergessen haben und keine Zeit übrig ist einen geeigneten Laden aufzusuchen, können Sie im Kiosk schnell finden, was Sie brauchen.

Zudem finden Sie auf den Bahnhöfen fast immer einen Fotoautomaten und einen Selecta-Automaten, bei dem Sie sich kleine Snacks kaufen können. Bezahlen können Sie in der gesamten Schweiz überwiegend mit Karten und auch Samsung und Apple Pay. An den Geldautomaten der Banken lassen sich sogar mit deutschen Debitkarten Schweizer Franken abheben. Dabei wird je nachdem, was Ihre Bank für Regelungen hat, eine Gebühr erhoben. Sie können aber auch ganz bequem an größeren Bahnhöfen oder eben an den Flughäfen Geld umtauschen.

Geheimtipps für schöne Stunden

Die atemberaubende Stadt mit ihrer unendlich großen Vielfalt hat neben den touristi-
schen Attraktionen, welche Sie sofort von
jedem Reiseführer, ob im Internet oder vor Ort vor-
geschlagen bekommen oder als Empfehlung ausge-
sprochen kriegen, auch noch eine Menge mehr zu
bieten. Orte, an denen sich auch viele Einheimische
wiederfinden und versteckte Tipps, um die Stadt in
vollen Zügen kennenzulernen, gibt es so einige.

Das Neubad ist einer dieser Orte. Es liegt direkt

am Bahnhof und auch in der Nähe des Restaurants Zur Werkstatt. Das alte Hallenbad wurde 2010 von einem Verein im Sinne einer kreativen Nutzung umfunktioniert. Dort erhalten Sie einen direkten Einblick in die Mentalität der Luzerner und bekommen noch ein Stück ihrer Kreativität und ihres Einfallsreichtums zu spüren. Im Neubad findet sich ein Pool als Veranstaltungsbühne umgewandelt. Die früheren Umkleidekabinen sind nun zu einer Kreativwirtschaft umfunktioniert und zudem wurde noch ein Extraort zum Verweilen geschaffen. Auch ein Bistro wurde dort eingerichtet. Im Neubad finden viele verschiedene Veranstaltungen statt wie Jazzauftritte, Vorträge oder Flohmärkte, an denen Sie jederzeit teilnehmen können. Was gerade los ist und Angebote finden Sie auf der Webseite des Neubads. Es ist jeden Tag außer montags geöffnet.

Ein wundervoller Hotspot für heiße Sommernächte, aber auch raue Winterabende ist der Inseli-Platz. Er liegt direkt in der Nähe des Hauptgebäudes der Universität und des Kunst- und Kulturzentrums Luzern. Dort befinden sich im Sommer viele Bars. Es gibt aber auch Bars, die das ganze Jahr über geöffnet sind, wie die Buvette Bar oder die Café Bar Voliere.

Der Park ist Treffpunkt für Studenten und alle, die gerne mal in die Atmosphäre des Sees eintauchen möchten. Egal, ob am Tag oder in der Nacht, zum Entspannen am See, zum Spielen mit der Familie auf dem Spielplatz, zum Genießen des Sonnenunterganges oder zum Ausgehen und Trinken – der Park bietet eine unbeschwerte freie Atmosphäre, die von den Luzernern sehr geschätzt wird. Haben Sie dann Hunger bekommen während der wilden Partynacht oder dem Spielen mit Ihren Kindern ist auch für das leibliche Wohl gesorgt durch nahe gelegene Imbisse, Restaurants und Dönerbuden.

Nach einer ausgiebigen Partynacht bietet es sich außerdem auch an, mit dem Brunch-Schiff am Morgen eine Seerundfahrt zu machen und dabei die Spuren der letzten Nacht bei wunderschönem Ausblick und gutem Essen zu verwischen. Jeden Sonntag ist es möglich ab 10:30 Uhr mit dem Brunch-Schiff zu fahren.

Für eine ausgiebige Partynacht gibt es noch mehr tolle Hotspots in Luzern, wie zum Beispiel die Sunset Bar. Diese ist besonders gut zu erreichen, wenn Sie auf dem Campingplatz Lido Luzern übernachten. Sie liegt direkt am Wasser im Hotel Seeburg und hat eine gemütliche Atmosphäre. Im Sommer werden Sitzmöglichkeiten mit Blick auf den See, die besonders für Abende zu zweit gut geeignet sind, geboten.

Um das richtig typisch städtische Nachtleben kennenzulernen, ist der Stadtkeller in der Altstadt zu empfehlen. Er ist nicht nur bei den Luzernern selbst, sondern auch über die Stadtgrenzen hinaus bekannt, da er ein Ambiente besitzt, in dem Sie sich sofort wohlfühlen werden. Der Stadtkeller ist ein Restaurant, in dem sich auch immer wieder Konzerte von Jazz-, Pop- oder klassischer Musik abwechseln.

Wollen Sie in einen richtigen Club gehen, um ordentlich zu feiern, dann ist das El Cartel, welches direkt am Bahnhof liegt, der beste Ort dafür. Besonders für Liebhaber der elektronischen und aktuellen Tanzmusik ist er der absolute Hit.

Auf der anderen Seite der Stadt, im Hotel Casino, können Sie in dem Casineum des Hotels tolle Partynächte erleben. Dort treten immer wieder internationale DJs und Interpreten auf.

In der Nähe des Bruchquartiers, in dem sich auch die bereits erwähnte und sehr beliebte

Madeleine befindet, finden Sie auch den Jodlerwirt. Ein Restaurant, welches für alle Schlagerfreunde genau das richtige ist. Das Bruchquartier ist genau der richtige Ort, an den Sie gehen sollten, wenn Sie den Mainstream-Party-Locations entgehen wollen. Für ein ganz besonderes Nachterlebnis bietet sich dabei die Roof Top Bar an. Die auf einem Dach gelegene Bar lädt zum Verweilen bei einem Wein oder Bier ein und das mit sehr freundlicher Bedienung.

Um die Musikszene in Luzern besser kennenzulernen, kehren Sie doch in das Musikzentrum Sedel ein, in dem sich seit mehreren Jahrzehnten immer mehr Musiker und Künstler treffen. Zudem können Sie dort im nahegelegenen Club feiern gehen, der von dem Musikzentrum selbst betrieben wird. Dies bietet sich besonders an, wenn Sie in der Jugendherberge Luzerns oder dem Hotel Barabas übernachten.

Um das schweizerische Flair in vollen Zügen kennenzulernen, ist das schwebende Restaurant genau das richtige. Dies hat zwar nur im Sommer geöffnet, ist aber auch dementsprechend ein Muss, wenn man zu dieser Zeit gerade in Luzern ist. Sie fahren von dem Dorf Weggis mit der Panoramakabine nach Rigi Kaltbad. Direkt auf den wunderschönen

Berg, auf dem Sie dann zum Beispiel, wie bereits erwähnt, auch in einem Hotel übernachten können. Dabei führt die Fahrt über den Vierwaldstättersee. Sind Sie gerade im Hotel Schweizerhof zu Hause, so können Sie von dort aus gleich losfahren, schließlich sind Sie schon in dem Ort, in dem die Seilbahn startet. In dem schwebenden Restaurant werden Sie mit einem Drei-Gänge-Menü verzaubert.

Reisen Sie mit Kindern oder sind Sie ein absoluter Tierliebhaber, ist der Kulturhof namens Hinter Musegg, am Stadtrand Luzerns, einen Besuch wert. Er liegt direkt hinter der Museggmauer und hat vieles zu bieten. Der Kulturhof ist nicht nur Landwirtschaftsbetrieb, sondern auch ein Veranstaltungsort. Dort findet sich ein Bauernhof mit vielen Tieren wie Alpakas, Hühner oder Schweine. Zudem eine Hofbeiz (eine Beiz bezeichnet in der Schweiz eine Kneipe) und auch eine Heubühne, auf der immer wieder Konzerte und andere Veranstaltungen stattfinden. Auch Sinnes- und Lehrpfade laden ein, um einen schönen Tag zu verbringen. Der fast 400 Jahre alte Kulturhof wird auf 2,4 Hektar biologisch betrieben. Zudem liegt er direkt am Naherholungsgebiet.

Wollen Sie etwas abseits der Touristenströme

die Aussicht eines Berges genießen, ist es zu empfehlen, das Bürgenstock Resort ins Auge zu fassen. Dort kommen Sie von Luzern aus direkt mit dem Schiff hin. Neben den noblen Hotels und dem attraktiven Spa-Bereich haben Sie die Möglichkeit mit dem Hammetschwand–Lift zu fahren, dem höchsten Freiluft-Aufzug Europas. Hier können Sie nicht nur die Attraktion bestaunen mit ihrem atemberaubenden Ausblick und dem Adrenalinkick, der Ihnen garantiert ist, sondern sich auch noch rundum verwöhnen lassen. Da das Resort noch sehr jung und natürlich auch etwas teurer ist, ist es noch kein großer Touristenmagnet. Wollen Sie also ein wenig entspannen, die Aussicht eines Berges in Stadtnähe am Vierwaldstättersee genießen, so ist dies auf jeden Fall der beste Ort dafür.

Um in Luzern selbst das Shopping-Erlebnis zu genießen und auch im Urlaub mal ordentlich Geld auszugeben, sollten Sie den Schwanenplatz unbedingt kennen. Hier können Sie alles shoppen, so viel Ihr Geldbeutel hergibt. Er liegt am Ende der Autobrücke auf der gegenüberliegenden Seite der Stadt, wenn Sie vom Bahnhof aus gehen. Besonders bekannt ist der Platz für seine Luxusuhren. Es ist außerdem einer der Top drei Umschlagplätze der ganzen Welt.

Für einen günstigeren und trotzdem tollen Einkauf können Sie auch auf den Wochenmarkt gehen. Er liegt beidseitig der Reuss und wird von den Einheimischen sehr geschätzt. Dort finden Sie alles was das Herz begehrt und können gleich, falls Sie als Selbstversorger unterwegs sind, Ihren Wocheneinkauf erledigen.

Anreise und reisen innerhalb von Luzern

Die sinnvollste, lohnendste und einfachste Reisemöglichkeit in der Schweiz ist die Reise mit den öffentlichen Verkehrsmitteln. Mit der Schweizer Bundesbahn (SBB) und auch den Bussen kommen Sie in jedes Dorf, zu fast jeder erdenklichen Uhrzeit an jedem Tag der Woche. In den Städten und größeren Orten kommen Sie auch unter der Woche nachts gut von A nach B.

Für die Reise mit der Bahn lohnt es sich, die App der Schweizer Bundesbahn herunterzuladen. Dort können Sie schnell eingeben wo Sie genau hinwollen und auch Ihren aktuellen Standort bestimmen lassen, wodurch Haltestellen oder Bahnhöfe in Ihrer Nähe angezeigt werden.

Für Informationen über Sparpässe und Reisetickets der Schweiz sollten Sie doch lieber die Internetseite der Schweizer Bundesbahn nutzen, da Sie dort mehr Informationen darüber erhalten. Die Schweizer Bundesbahn bietet für internationale Reisende sehr gute Angebote an. Darunter zum Beispiel den Swiss Travel Pass, die Swiss Half Fare Card, die Grand Train Tour of Switzerland und auch die Swiss Travel Guide App. Damit können Sie nicht nur Luzern, sondern auch andere Teile der Schweiz erkunden, falls Sie noch mehr vom Land des Käses und der Schokolade sehen wollen.

Mit dem Swiss Travel Pass ist es zum Beispiel möglich, dass Sie in der gesamten Schweiz Busse, Bahnen und Schiffe nutzen können, ohne zusätzliche Gebühren zu zahlen. Zudem können Sie öffentliche Verkehrsmittel in über 90 Städten der Schweiz nutzen und auch die Panoramazüge frei fahren, so zum

Beispiel auch den Panoramazug von Luzern nach Interlaken, von dem Sie einen wunderbaren Rundumblick auf die Umgebung haben. Sie profitieren auch von weiteren tollen Angeboten, wie dem freien Eintritt in mehr als 500 Museen in der gesamten Schweiz oder den Bergausflügen, die Sie inklusive haben, wie auch auf die Rigi, was sich bei einem Besuch in Luzern sehr gut anbietet.

Bei einigen anderen Bergausflügen zahlen Sie dann nur die Hälfte. Die Preise sind, je nachdem wie alt Sie sind und wie viele Tage Sie so einen Pass benutzen möchten, gestaffelt. Für Kinder unter sechs Jahren gilt die Regelung, dass sie mit der Begleitperson zusammen kostenlos reisen. Doch nur insofern die Begleitperson einen gültigen Fahrausweis besitzt. Reisen Sie mit dem Flugzeug an, so ist es am besten, wenn Sie nach Zürich oder Basel fliegen. Von dort aus können Sie mit der Bahn ganz einfach per Direktverbindung nach Luzern fahren.

Für die Anreise mit dem Auto ist es wichtig zu wissen, dass sehr gute Autobahnanschlüsse nach Bern, Basel, Zürich, in das Berner Oberland und auch in die gesamte Zentralschweiz bestehen. Von Luzern aus können Sie also, bei dem Verlangen noch mehr von der Schweiz zu sehen, ganz problemlos weiterreisen. Auch zu allen beschriebenen Attraktionen und Sehenswürdigkeiten kommen Sie sehr gut mit dem Auto. Dadurch, dass die Schweiz ein sehr kleines Land mit gut ausgebautem Verkehrsnetz ist, macht das Autofahren auch besonders viel Spaß.

Wichtig für Sie zu wissen, damit Sie nicht nach Ihrem Urlaub von Geldbußen geplagt werden, ist, dass in der Schweiz andere Geschwindigkeitsregelungen gelten. Auf der Landstraße gilt die Höchstgeschwindigkeit von 80 Kilometern pro Stunde. Auf Autobahnen sind es 120 Kilometer pro Stunde. Zudem ist es wichtig sich beim Zoll, an Tankstellen oder bei der Gemeinde ein gültiges Billett für die Autobahn zu holen. Dies gleicht der Maut in Deutschland und muss unbedingt auf der Scheibe des Autos sichtbar an die richtige vorgegebene Stelle geklebt werden, da Ihnen sonst eine Geldstrafe droht. An welcher Stelle das Billett aufgeklebt werden sollte, ist jeweils auf der Rückseite des Aufklebers zu sehen.

Generell ist es wichtig, dass Sie sich an die Geschwindigkeitsbegrenzungen halten, denn zu schnelles Fahren in der Schweiz führt zu sehr hohen Geldstrafen. Schon bei geringer Überschreitung der

Geschwindigkeit müssen Sie eine Buße zahlen, was den Urlaub im Nachhinein in ein schlechtes Licht rücken würde.

In Luzern selbst ist alles sehr günstig und relativ einfach zu Fuß zu erreichen. Mit dem Auto, Bus oder Schiff können Sie sich ebenso gut fortbewegen. Es empfiehlt sich jedoch eher, insofern Sie keine Einschränkungen haben, zu Fuß zu gehen, denn die Stadt ist nicht sehr groß und so sehenswert, dass sich ein Fußmarsch auf jeden Fall mehr lohnt als das Fahren mit den öffentlichen Verkehrsmitteln oder dem Auto. So können Sie außerdem die Stadt voll und ganz genießen. Wie schon des Öfteren erwähnt, bietet es sich von Luzern aus auch gut an, mit dem Dampfer oder einem anderen Schiff an das andere Ende der Stadt oder einfach an die Ausflugsorte zu kommen, zu denen Sie wollen. Zudem dauert es nicht so lange mit dem Schiff wie zum Beispiel mit dem Auto, da man eine Direktverbindung über den See hat und nicht außen herumfahren muss.

Selbst mit dem Rollstuhl ist die Stadt sehr gut zu erkunden. Alle wichtigen Attraktionen haben einen Rollstuhleingang. Alle Schwimm- und Hallenbäder, Messehallen, Kirchen, Museen, Kinos und Hotels sind auch sehr gut erreichbar mit dem Rollstuhl. Auch die Einkaufszentren und der Bahnhof werden dem gerecht. Es gibt also keine großen Einschränkungen, wenn Sie oder Mitreisende von Ihnen auf einen Rollstuhl angewiesen sind.

Wie viel Geld sollten Sie einplanen?

Allgemein ist erst mal zu sagen, dass die Schweiz ein sehr teures Reiseland ist, auch für uns Deutsche. Zudem ist es auch, je nach Art des Aufenthaltes, unterschiedlich wie viele finanzielle Mittel Sie einplanen sollten für Ihren Urlaub. Die Länge des Aufenthaltes spielt auch eine sehr große Rolle. Pauschal ist es sehr schwer zu sagen, wie viel Geld Sie genau benötigen. Doch mit einem kleinen Überblick über die Preise in der Schweiz lässt sich auch dies sehr gut planen.

Generell ist zu sagen, dass Verpflegung, Unterkunft und Eintrittspreise die größten Unterschiede darstellen zu den Preisen in Deutschland. Andere Dinge wie Elektronik und Kleidung sind preislich dem ungefähr gleichgestellt. Sind Sie Selbstversorger und darauf angewiesen, sich vor Ort Verpflegung zu kaufen, so sollten Sie wissen, dass Sie für Lebensmittel und Pflegeprodukte ungefähr das Dreifache in der Schweiz bezahlen wie in Deutschland. Sie können jedoch auch, wenn Sie mit einem Wohnmobil anreisen, Verpflegung aus einem anderen Land mitnehmen. Dafür müssen Sie nur vorher die aktuellen Regelungen des Zolls sichten, um nicht bei der Einreise gegen einige Gesetze zu verstoßen und dann einen Teil Ihrer Dinge abgeben oder Strafe zahlen müssen.

Haben Sie eine Ferienwohnung, Halbpension oder eine andere Unterkunft, bei der Sie sich selbst versorgen müssen, so gibt es auch noch ein paar andere Tipps und Tricks, wie Sie am besten Geld sparen können. Besonders bezahlt macht es sich, wenn Sie nicht bei den Schweizer Supermarktketten wie

Coop, Denner und Migros einkaufen, sondern bei den Ihnen bekannten Marken wie Aldi und Lidl. Diese sind um einiges günstiger und haben viele gleiche oder ähnliche Produkte.

Generell ist es, wenn man selbst kocht natürlich die beste Methode, um Geld zu sparen und das besonders in der Schweiz, wo die Gerichte in den Restaurants auch um einiges teurer sind als bei uns. Dennoch sollten Sie sich die Schweizer Nationalgerichte nicht entgehen lassen.

In der Schweiz gibt es zudem in jeder Stadt und auch in den Dörfern, sogar teilweise in der Natur, immer wieder Brunnen aus denen Trinkwasser fließt. Dieses ist in der gleichen Qualität wie das Wasser, welches Sie aus dem Wasserhahn bekommen und kann bedenkenlos getrunken werden. Ist dies einmal nicht der Fall wird ausdrücklich darauf hingewiesen. Doch generell sollten Sie es bedenkenlos trinken können.

Sie finden auch an fast jedem Wanderweg und in fast jedem Wald eine Möglichkeit zu grillen. Besonders an Sommerabenden ist dies eine gute Abwechslung zum Essen in der Unterkunft oder einem Restaurant. Dort gibt es meist auch Holz, welches immer wieder aufgefüllt wird. Sie brauchen also nicht mehr als Ihr Essen mitzunehmen und den Platz sauber und ordentlich zu verlassen.

Wenn Sie bei der Unterkunft sparen möchten und zwischen dem riesigen Angebot auf den Internetseiten nicht das Richtige finden, dann ist es gut auf Google Maps einmal nachzusehen. Dort werden oft günstigere Alternativen angeboten und es ist gleichzeitig gut zu sehen, wo Ihr Hotel genau liegt.

Je nachdem wie Sie sich fortbewegen wollen und welche Orte Sie unbedingt besuchen möchten, ist es wichtig die richtige Lage der Unterkunft auszuwählen, um den Aufenthalt in vollen Zügen genießen zu können.

Bei der Fortbewegung selbst können Sie auch sehr viel Geld sparen. Reisen Sie mit der Bahn, dann können Sie darauf achten, dass Sie mit einem Inter-Regio fahren, der in der App und auf der Internetseite der Schweizer Bundesbahn mit der Abkürzung IR gekennzeichnet ist. Diese sind oft langsamer, aber dennoch günstiger als andere Züge. Es ist auch sehr sinnvoll nach Angeboten, wie dem Swiss Travel Pass, zu schauen. Bei der Fortbewegung innerhalb der Stadt können Sie jedoch am meisten Geld sparen, da

Sie eben alle wichtigen Dinge gut zu Fuß erreichen.

Luzern ist unter den Städten in der Schweiz preislich gut erschwinglich. Besonders durch die Größe der Stadt und den kostenlosen Attraktionen, wie dem Löwendenkmal, der Kappell- und Spreuerbrücke, ist dies gegeben.

Sie können in einem Urlaub, bei dem Sie mit diesen Tricks und Tipps etwas auf Ihre Finanzen achten, mit 50 bis 100 Franken pro Person und pro Tag gut auskommen. Dies ist natürlich inklusive Unterkunft gerechnet. Je nachdem welche Attraktionen Sie besichtigen und wie viel Sie einkaufen, kann es natürlich variieren und auch sein, dass Sie dann schon mal das Doppelte ausgeben oder noch mehr. Doch auch, wenn die Preisspanne erst mal viel klingt, werden Sie am Ende sagen, dass die Stadt jeden Cent wert ist. Im Herbst und im Winter haben sie zwar den Nachteil, dass das Wetter nicht sehr gut sein könnte, doch dafür sind die Preise oft niedriger als im Sommer.

Für einen ausgiebigen Urlaub ohne Abstriche und mit jeglichem Luxus werden 100 Franken am Tag jedoch für eine Person nicht reichen. Dieser lässt sich gut verbringen in Luzern und Umgebung mit dem vielfältigen Angebot an teuren Hotels und der großen Auswahl an Luxusgütern.

Was zum Schluss noch zu sagen ist

Luzern ist nicht nur bei den Einheimischen eine sehr beliebte Stadt, sondern auch international besonders gut angesehen. Sie werden die Stadt mit ihrer Vielfältigkeit, welche sehr geschichtsträchtig ist, sofort ins Herz schließen.

Es ist wirklich für jeden etwas dabei. Egal, ob Sie lieber einen ruhigeren Urlaub oder Berge und Wasser genießen wollen oder den absoluten Shopping- und Wellnesstrip planen, Luzern bietet viele Möglichkeiten.

Es ist außerdem die Schweizer Stadt, die Sie neben den bekannten Städten wie Zürich, Bern und Genf unbedingt gesehen haben müssen. Auch mit Kindern ist Luzern ein gutes Ausflugsziel, da alles kindgerecht ist, es Spielplätze und Badestellen gibt sowie eben auch eine autofreie Altstadt, in der Sie Ihre Kinder auch mal unbedenklich auf der Straße laufen lassen können. Meistens sind die Kinder in der Stadt noch beeindruckter von der abwechselnden Kunst auf den Gebäuden als die Erwachsenen.

Selbst mit einem kleinen Geldbeutel ist es möglich, in einem der teuersten Länder der Welt viel zu erleben und zu entdecken. Also worauf warten Sie! Buchen Sie sich eine Unterkunft, planen Sie, welche Sehenswürdigkeiten Sie ansehen wollen und wie viel Zeit Sie sich dafür nehmen wollen. Und dann nichts wie los!

Auf in die schöne Stadt Luzern!

Herstellung und Verlag:
BoD – Books on Demand, Norderstedt
ISBN: 9783751971133

1. Auflage
Kontakt: Psiana eCom UG/ Berumer Str. 44/ 26844 Jemgum
Covergestaltung: Fenna Larsson
Coverfoto: depositphotos.com